LES ENSEIGNEMENTS DE L'HISTOIRE

SAINT-MAIXENT, TYP. CH. REVERSÉ.

ANTONIN PROUST.

LES
ENSEIGNEMENTS
DE L'HISTOIRE
1789-1869

NIORT,
CLOUZOT, ÉDITEUR,
Rue des Halles, 22.

PARIS,
ARMAND LECHEVALIER.
Rue Richelieu, 60.

Le 15 mai dernier, M. Dufaure m'adressait et m'autorisait à publier la lettre suivante :

Paris, le 15 mai 1869.

Monsieur,

« J'ai appris avec grand plaisir que vous aviez
« accepté une candidature dans la première cir-
« conscription des Deux-Sèvres.
« Vous y êtes fortement recommandé par les
« souvenirs de votre famille et par l'honneur qui
« s'attache à votre nom.
« Vous avez d'ailleurs montré à vos concitoyens
« que vous étiez personnellement digne de leurs
« sympathies et de leurs suffrages.

« Tous ceux qui vous connaissent pensent que
« le temps est venu pour vous d'aborder la vie
« publique.

« Vos derniers travaux vous y ont heureusement
« préparé. Vous avez étudié, dans ses premières
« manifestations, le grand mouvement de 1789 ;
« vous avez vu les intolérables abus qui l'avaient
« rendu nécessaire.

« Insolents excès du pouvoir absolu ; — Expé-
« dients continuels pour tromper ou pour con-
« traindre ; — Hontes du favoritisme ; — Dilapi-
« dations financières, etc., etc.

« Les *Cahiers des provinces de l'Ouest* que vous
« avez publiés, attestent la mâle indépendance,
« le bon sens pratique, la fermeté contenue mais
« inébranlable avec lesquels nos pères de bonne
« race poitevine et saintongeaise, ont demandé
« la répression de tous ces désordres.

« Vous êtes plus que personne, Monsieur, pé-
« nétré de ce que vous avez si bien mis en lumière.

« Si j'étais votre électeur, je ne demanderais
« pas pour vous d'autres garants que les souvenirs
« que vous avez évoqués. Ils révèlent beaucoup
« de choses sur le temps présent et ils enseignent

« à l'homme qui aspire à la vie publique les devoirs
« qu'il contracte envers son pays.

« Agréez, je vous prie, l'assurance de mes
« sentiments distingués.

« J. Dufaure. »

Plus de six mois après les élections, M. Amaury de Liniers fait paraître une critique des opinions émises par M. Dufaure dans cette lettre (1).

« L'histoire à la main, » M. de Liniers déclare ne pouvoir accepter qu'il y ait eu avant la Révolution des abus intolérables, qu'en présence de ces abus nos pères aient fait preuve d'une fermeté contenue mais inébranlable, et qu'il soit aujourd'hui nécessaire de s'en souvenir.

Après avoir pris connaissance de la lettre qui

---

(1) *Lettre à M. Dufaure*, par M. Amaury de Liniers. — *Niort, typ. Favre.*

vient de lui être publiquement adressée, M. Dufaure veut bien me faire l'honneur de me confier « la défense d'idées qui nous sont également chères (1). »

Je vais donc m'efforcer de réfuter « ces attaques dirigées contre l'élan si pur et si national de nos pères de 1789 (2), » et j'estime qu'il me suffira, pour remplir pleinement cette tâche, de rappeler à M. de Liniers les faits qu'il a sans doute oubliés, et de tirer de ces faits les conséquences qu'il n'a pu dès lors apercevoir.

Antonin Proust.

Niort, 15 janvier 1870.

---

(1) Lettre de M. Dufaure, 30 décembre 1869.
(2) Idem.

LES ENSEIGNEMENTS DE L'HISTOIRE

1789-1869.

I.

Sans énumérer ici « les abus intolérables » de l'ancien régime, M. de Liniers me permettra tout d'abord de trouver étrange cette prétention à invoquer contre l'opinion de M. Dufaure le témoignage de Malesherbes et de Turgot qui les premiers ont officiellement signalé ces abus et qui les premiers en ont été victimes.

Le *Mémoire* de Malesherbes est assurément le document le plus douloureux que nous ayons sur l'ancienne France. On n'a jamais présenté sous des couleurs plus sombres « le triste spectacle qu'offrait le plus beau royaume de l'univers gémissant sous le poids d'une tyrannie qui faisait chaque jour de nouveaux progrès » et lorsque l'intègre magistrat dit « qu'on a étouffé en France tout esprit public, qu'on y a éteint jusqu'aux derniers sentiments du citoyen, qu'on a interdit la nation entière » (1), je ne crois pas qu'il soit possible d'affirmer plus complètement l'opinion que M. de Liniers déclare ne pouvoir admettre. On sait comment fut accueillie cette franchise.

Personne n'ignore d'autre part que Turgot dut céder devant ces mêmes pratiques de l'arbitraire et il suffira de rappeler ici cette admirable lettre du ministre disgracié au souverain débile qui le sacrifiait aux colères de l'antichambre.

« Sire, écrivait Turgot, tant que j'avais l'espérance que Votre Majesté m'estimât, rien ne m'a coûté, mais aujourd'hui je me vois dans l'impossibilité de résister à ceux qui me nuisent en croisant toutes mes opérations, car Votre Majesté ne me donne ni secours, ni consolation. Vous

---

(1) V. pièce n° 1, *Appendice*.

manquez d'expérience, Sire. Je sais qu'à vingt-deux ans et dans votre position, vous n'avez pas la ressource que l'habitude de vivre avec les égaux donne aux particuliers pour juger les hommes, mais aurez-vous plus d'expérience dans huit jours, dans un mois?

« Je ne puis assez répéter à Votre Majesté ce que je prévois et ce que tout le monde prévoit d'un enchaînement de faiblesses et de malheurs, si les plans commencés sont toujours abandonnés et si le ministre qui les a mis en avant succombe à l'effort des résistances qui s'unissent contre lui.

« N'oubliez jamais, Sire, que c'est cette faiblesse qui a mis la tête de Charles Ier sur un billot (1). »

Turgot, dit Senac de Meilhan, mourut peu d'années après sa sortie du ministère, laissant une mémoire chère à quelques amis et une réputation qui n'a fait que s'accroître avec le temps et à mesure que des successeurs sans talents et sans probité ont fait connaître l'étendue de la perte qu'on avait faite.

(1) V. pièce n° 2, *Appendice*.

Mais rien de tout cela n'arrête l'auteur de la *Lettre à M. Dufaure*, et M. de Liniers paraît avoir pris à tâche de refaire l'histoire pour les besoins de sa brochure. Sous sa plume, la chronologie disparaît. Dans le pupille de Maurepas, il voit le prisonnier du Temple, et, à l'aide de ce facile rapprochement, il se demande si « les malheureux sont toujours coupables. » L'exposé de Necker, un demi-aveu, lave à ses yeux toutes les fautes ; le rappel des parlements lui fait oublier la dissolution de ces mêmes parlements et Brienne lui-même, le digne héritier de Calonne, n'est plus que « l'ami des philosophes. » L'homme « qui avait calculé sur la guerre civile », le ministre à poigne qui fait arracher les magistrats de leurs siéges, le fabricant de coups d'Etat qui enfonce les portes du palais de Rennes et qui ensanglante les rues de Grenoble, devient l'agneau sans tache. En 1788, disons-le à l'honneur « de nos pères » on n'avait dans aucune classe de ces indulgences plénières pour les crimes d'Etat ; on estimait à bon droit que cette promesse, sans cesse faite et sans cesse oubliée, de convoquer les trois ordres, était « un expédient pour tromper, » on pensait non sans raison que l'emploi de la force armée était « un expédient pour contraindre. » On tenait les orgies de Saint-Cloud pour « des hontes, » les atteintes à la fortune publique pour « des dilapidations, » et en réponse à Louis XVI qui disait avoir dispersé les parlements pour assurer la tranquillité du royaume « ces pères de bonne race » déclaraient fièrement « que si quelqu'un méritait d'être appelé perturbateur de l'ordre public, c'était celui qui après l'engagement pris de convoquer les Etats-Généraux, tentait d'élever par la force, sur les débris de tous les droits, l'édifice monstrueux d'une législation sans principes. »

Il est vrai qu'à cette époque on ignorait les théories faciles des avocats attardés de l'ancien régime, et qu'il était inutile d'être « ministre-professeur » pour savoir qu'un impôt est trop lourd quand un peuple est impuissant à le supporter et qu'un abus devient « intolérable » quand il ne peut plus être toléré. Les termes « d'anarchistes et de démolisseurs » n'étaient pas encore de mise, mais ceux « de banqueroutier et de voleur » étaient fort en usage et depuis l'abbé Terray jusqu'à Calonne, l'Etat avait pris soin de les mettre à la mode.

Mais suivons l'auteur de la *lettre à M. Dufaure* et remontons avec lui, aux origines de cette *détestable Révolution*.

« Qu'on le veuille ou non, s'écrie M. de Liniers, la Révolution, son nom l'indique, embrasse tout *un cycle durant lequel l'astre sanglant* parcourt le ciel de la vieille Europe, en vertu d'une force initiale... Les hommes de 1789 qui ont poussé l'Etat dans la *voie des abîmes*, les hommes de 1789 qui ont rompu les digues élevées par leurs pères contre les *grandes eaux des jours d'orage ;* ces hommes, dis-je, sont coupables devant Dieu et devant la France des malheurs, des désordres, des crimes de la Révolution. » « Les vrais coupables datent même de plus loin ; ils se nomment Voltaire et Jean-Jacques Rousseau. *Le vertige qui fait tourner les têtes avant de les abattre*, c'est le souffle de la philosophie du VIIIe siècle. Voltaire et Rousseau ont déteint sur ette société qui... etc. »

Je m'arrête sur cette proposition.

Selon M. de Liniers, Voltaire et Rousseau sont

les premiers, les uniques précurseurs du « grand mouvement. » Si l'on supprime ces deux « vrais coupables, » le XVIIIe siècle tombe à plat, l'humanité se désintéresse de tout progrès, la transformation inévitable du privilége ne se produit pas et l'ancien régime continue de mener joyeuse vie. Que de semblables théories aient cours dans certains manuels, qu'elles soient journellement répétées par ceux qui, n'ayant d'autre notion de l'intérêt général que la notion de leur intérêt particulier, prennent l'occasion déterminante pour la cause qui détermine, cela va de soi, mais de la part d'un homme qui a longuement médité sur les gestes de son pays, il y a de quoi surprendre.

M. de Liniers a-t-il donc fait collection de préceptes polyglottes pour les autres et non pour lui-même?

En est-il de l'étude de l'histoire comme de la simplicité du style?

Sont-ce là choses utiles aux « académiciens » et inutiles à qui les gourmande?

Certes, on ne saurait contester la part qu'ont eue dans le mouvement de 1789 la philosophie et les philosophes.

Le rôle de la science analytique a été à cette époque comme à toute autre d'analyser, c'est-à-dire de grouper les dissidences éparses et de formuler les aspirations communes après en avoir scruté et rattaché les éléments à des principes généraux. Les analystes se sont appelés au XVIIIe siècle, Montesquieu, Voltaire, Rousseau, Buffon, Diderot, Turgot, Malesherbes, etc. Mais supprimez ces hommes et vous en aurez d'autres qui tenteront l'opération semblable et qui la mèneront à fin, avec moins d'éclat peut-être, avec la même force de volonté sans aucun doute.

Les destinées des peuples sont en raison constante de leurs désirs et ces désirs trouvent toujours des interprètes.

C'est là une vérité tellement évidente qu'il serait superflu d'y insister.

Si nous remontons d'ailleurs jusqu'aux origines de la Société Française, si nous en étudions les transformations successives, que devient cette humble politique qui fait dater tout mouvement des encyclopédistes.

Les anathèmes de convention s'évanouissent et la Révolution apparaît alors ce qu'elle est réellement, l'une de ces métamorphoses inévitables, accomplies par toute société qui progresse.

Ces phases de l'éclosion, on les calcule d'ailleurs aussi sûrement dans l'ordre politique que dans les séries de la science plus positive. Après l'esclavage, le servage, après le servage, le privilége, après le privilége, la tutelle et après la tutelle, la liberté. Les changements s'opèrent avec plus ou moins de promptitude, plus ou moins de précision et de sûreté; mais ils s'opèrent forcément, quoi qu'on fasse pour les éviter, et cela, en vertu d'exigences que le bon plaisir est impuissant à supprimer et devant lesquelles les plus touchants regrets doivent s'incliner.

Prenez les sociétés n'importe lesquelles et vous y retrouvez les mêmes conséquences amenant les mêmes accidents.

Tout d'abord quelques-uns, les forts, les conquérants pillent et tuent; plus tard ils gardent les prisonniers, les serfs, les conservés (1);

---

(1) Servi autem ex eo appellati sunt quod imperatores captivos vendere, ac per hoc servare, nec occidere solent. Justiniani, *Institutiones* lib. 1. tit. 3. ch. 3.

ils les emploient à la culture du sol, à l'exercice des divers métiers, puis ces serfs, en butte à toutes les violences et à toutes les exactions, se groupent, se soulèvent et cherchent à s'affranchir. La commune, c'est-à-dire le groupement de plusieurs contre un seul, est fondée, mais de la commune, asile de la liberté du travail, va bientôt sortir le monopole, contradiction de cette même liberté du travail. L'égoïsme inhérent à notre nature le veut ainsi. Les humbles, qui se sont ligués pour conquérir leur indépendance, ne tardent pas à imiter l'esprit dominateur de ceux qui les ont opprimés. Chaque groupe, à l'exclusion de tous les autres, veut s'emparer de quelque mode spécial d'activité, de quelque branche particulière de fonctions ou de travaux, et on voit sortir de ce conflit de prétentions injustes, un état de choses dans lequel la masse entière des individus se trouve partagée en un certain nombre de classes, d'ordres, de corporations, qui ont toutes leurs intérêts particuliers, leurs lois particulières, leurs priviléges.

« Les gens de guerre, voyant les hommes d'industrie élevés à la condition d'hommes libres, se forment en état séparé sous le nom de *noblesse*. Les gens d'église s'isolent à leur tour sous le nom de *clergé*. Les légistes, les officiers de justice, les savants, les artisans, tous les hommes voués aux professions dites libérales ou mercantiles, forment un troisième état; on l'appellera *tiers*. Chacune de ces grandes divisions se subdivisent en corporations nombreuses. La noblesse a ses ordres militaires; le clergé ses ordres religieux; le barreau ses compagnies; la science ses facultés; l'industrie ses jurandes. L'esprit de ces différents groupes est une vive émulation de haine ou de dédain les uns pour les autres. Le même esprit pénètre dans l'intérieur des corporations. On établit partout des hiérarchies factices; la science a ses degrés comme la noblesse; l'industrie comme la science, et de même que parmi les nobles on se distingue par les grades d'écuyer et de chevalier, de même on veut se distinguer parmi les savants par ceux de bachelier et de licencié et parmi les artisans par ceux de compagnon et de maître. Enfin, un esprit universel d'exclusion s'empare de toutes les classes, de toutes les agrégations. C'est à qui obtiendra le plus de priviléges odieux, le plus d'injustes préférences. La noblesse a le monopole du service public; le clergé, celui de l'enseignement et des doctrines; le tiers-état, celui des travaux industriels. Dans ce troisième ordre, les arts libéraux deviennent l'apanage d'un certain nombre de compagnies; divers corps de marchands envahissent le négoce; les arts mécaniques tombent au pouvoir d'autant de communautés qu'on peut distinguer de genres différents de fabrication. Les rois favorisent à prix d'argent toutes ces usurpations iniques. Ils ne cessent de vendre à des corps ou à des individus désignés ce qui est le droit naturel de chacun et de la masse. Ils vendent la noblesse, c'est-à-dire l'aptitude au service public; ils vendent le droit de rendre la justice; ils vendent jusqu'au droit de travailler; le travail, que, dans les âges précédents, on renvoyait aux esclaves avec mépris, comme un châtiment et une servitude, devient, on ne sait par quelle transformation, une prérogative de la couronne, un droit royal et domanial qu'on n'exerce que par délégation du chef de l'Etat et moyennant finance. Nul ne peut, sans payer, gagner honnêtement sa vie et quelques-uns en payant acquièrent le droit de faire seuls ce que naturellement tout le monde a le droit de faire. Ce mouvement ne s'arrête pas à des individus, à des compagnies. Les villes veulent avoir leurs priviléges comme les corporations; les provinces comme les villes, les royaumes comme les provinces. Il y a des ports francs, qui à l'exclusion de tous les autres, ont le droit de faire librement le commerce maritime. Certaines villes manufacturières sont en possession de fabriquer seules certains produits; et l'on voit des provinces à qui appartiennent, par privilége exclusif, l'exploitation de certaines branches de commerce. Enfin il n'est pas de pays qui ne veuille avoir un accès libre sur tous les marchés étrangers, et qui cependant ne prétende écarter de ses marchés toute concurrence étrangère. Depuis les plus petites communautés jusqu'aux plus vastes états, c'est une manie générale d'accaparements, un débordement universel de prétentions exclusives et iniques. Dans ce nouveau mode d'existence, chacun donne le nom de libertés aux priviléges dont il jouit au détriment de tout le reste. Ainsi la noblesse appelle *ses libertés*, son droit exclusif aux faveurs de cour, son monopole des fonctions honorifiques et de la plupart des fonctions lucratives, ses exemptions d'impôts, ses banalités, ses droits de chasse, et une multitude d'autres droits plus ou moins oppressifs qu'elle a sauvés du naufrage de ses anciennes tyrannies. Les *libertés* du clergé, c'est le droit d'imposer les croyances, le droit de lever la dîme, le droit de ne pas payer de taxes, le droit d'avoir des tribunaux particuliers; les *libertés* de chaque communauté d'artisans, c'est le droit exclusif de fabriquer de certaines marchandises et de faire la loi aux marchands ; celles de chaque corps de marchands, le droit de vendre seuls de certaines denrées et de faire sur les consommateurs des profits illégitimes. Il n'est pas une seule de ces libertés qui ne consiste en injustices, en exactions, en violences (1). »

Telle était la France au xviii siècle. Les liens de la compression étaient resserrés à ce point que la nation se trouvait réduite à un état

---

(1) Dunoyer. *Liberté du travail*, p. 257 et suiv., tome i.

d'immobilité presque complète. Tout était réglementé, limité, défini; aucune garantie commune contre l'autorité individuelle, aucune garantie individuelle contre l'autorité commune; ce qu'on appelait le droit était la loi privée, le privilége maintenu par le prince pour perpétuer entre les classes l'antagonisme et assurer la hiérarchie dans la soumission par la hiérarchie dans la faveur; enfin la masse réduite à l'anonymat n'avait d'autre alternative que l'exil ou la misère avec la rédemption aléatoire (1).

C'est cet édifice, basé sur la rivalité des intérêts et la vénalité des emplois qui, au dire de M. de Liniers, serait demeuré debout si Voltaire et Rousseau « n'avaient déteint sur leur siècle. »

S'il est cependant quelque chose qui doive surprendre, c'est que la chute du privilége n'ait pas eu lieu plus tôt.

On ne saurait cependant s'étonner de ce retard, car les hommes mettent longtemps à tirer les conclusions des faits, et en toutes choses ils n'adoptent la théorie juste qu'alors que presque toutes

---

(1) Antonin Proust. *Lettre à M. Beauchet-Filleau.*

les applications de la théorie contraire ont produit leurs résultats. Il a fallu une expérience de mille ans pour mettre en évidence des vérités qui nous paraissent aujourd'hui indiscutables.

Au xviiie siècle, la transformation s'est faite tardivement, mais l'on peut dire que le régime des priviléges a disparu comme ont disparu les régimes de l'esclavage et du servage qui l'ont précédé, de même que disparaîtra le régime de la tutelle qui lui a succédé, parce qu'à mesure qu'elle s'accroît et se fortifie, l'activité humaine brise les liens dont l'ont entourée la crainte, l'ignorance ou l'abus de la force brutale.

Il demeure donc évident qu'à la veille de la Révolution « les vrais coupables ne sont ni Voltaire, ni Rousseau, ni Montesquieu, ni tout autre, mais bien ceux qui ne surent pas briser à temps l'étroite enveloppe dans laquelle était enfermée la société française. » L'explosion devait nécessairement se produire et elle se produisit avec d'autant plus de violence que les efforts faits pour en refouler le germe avaient été plus violents.

II.

J'arrive à la proposition ainsi formulée : « *Les hommes de 1789 ont-ils fait preuve d'une fermeté contenue, mais inébranlable, à demander la répression des désordres.* » Je dirai tout à l'heure ce que l'on doit penser de la responsabilité qui leur incombe dans les événements qui ont suivi la convocation des États-Généraux.

Pour se rendre compte « de l'élan si pur et si national » qui a précédé cette convocation, il suffit d'ouvrir les cahiers de 1789, et je ne parle pas seulement des cahiers du tiers-état, mais des cahiers de la noblesse et des cahiers du clergé, car si l'on rencontre dans les uns et les autres quelques notes discordantes en ce qui touche aux intérêts particuliers, en ce qui se rapporte aux droits exclusifs que chacun appelait ses libertés, l'accord est entier sur les questions générales.

D'après les cahiers des trois ordres la réforme politique porte sur trois points : le droit de faire les lois, celui de les exécuter et celui de donner par l'impôt les moyens d'exécution.

« Les lois ne devant être que l'expression du vœu de tous, est-il dit, la puissance législative réside pleinement, entièrement et uniquement dans la nation, d'où il résulte qu'aucun acte public n'a ni ne peut avoir de force s'il n'émane d'elle et qu'aucun autre pouvoir n'a la faculté de rien ajouter et de rien retrancher aux décisions prises par les représentants du peuple. Tout acte législatif devra être reconnu, avoué et sanctionné par le pouvoir exécutif. » Donc aux États-Généraux le droit de faire les lois, au pouvoir exécutif le soin de les faire exécuter avec faculté de *veto* suivi d'un recours à la nation. Pour le vote de l'impôt, égalisation des charges, budget annuel soumis aux États-Généraux, discussion publique de ce budget.

Les vœux relatifs à la réforme administrative ne sont pas moins précis. La nation tout entière demande l'application à la province et à la commune de ce même principe de la division des pouvoirs. Droit de s'associer librement et de confier la question des intérêts de l'association à des administrations librement élues et responsables.

L'indépendance de l'individu, le droit de penser, d'écrire, d'échanger librement, consacrent enfin la réforme sociale, et M. de Clermont-Tonnerre a pu dire dans son rapport à l'Assemblée nationale que les cahiers étaient l'expression d'une volonté unanime.

Au sujet du rôle joué par les hommes de 1789, après 1789, j'ai déjà fréquemment discuté les conséquences de l'avénement du tiers-état, mais puisque M. de Liniers se montre aussi sévère pour les historiens que pour l'histoire, puisqu'il paraît, si j'ai bien compris, reprocher à ceux qui ne pensent pas comme lui un complaisant enthousiasme pour la Révolution, il voudra bien me permettre de reproduire ici ce que j'écrivais en 1865 (1).

« Si nous avons quelque souci de l'avenir, disais-

(1) Décembre 1865. *Mémorial des Deux-Sèvres.* — Les Choses du temps.

je à cette époque, en rendant compte du livre de M. Quinet, nous ne devons pas hésiter à rejeter loin de nous les illusions stériles, à fermer les yeux aux mirages poétiques et selon l'expression de M. Edgar Quinet « à réviser la tradition nationale. »

La tâche est souvent pénible, mais ceux qui l'entreprennent ne cèdent pas à la vaine curiosité de promener le scalpel dans des plaies encore saignantes ; il comprennent qu'on ne peut sauver l'homme vivant qu'en étudiant le cadavre et que la certitude de la cure dépend de la sincérité de la dissection.

Ce qui frappe tout d'abord quand on analyse le mouvement de 1789, c'est la disproportion qui existe entre la pensée révolutionnaire et les actes de la Révolution. Il semble que l'on assiste à la représentation d'un opéra dont l'ouverture serait exécutée avec un ensemble irréprochable, mais où chacun des acteurs oublierait son rôle dès les premières notes de la partition.

De toutes les doctrines appartenant soit à la science spéculative, soit à la science du droit, la pensée révolutionnaire s'était dégagée avec une telle puissance que l'édifice de l'ancien régime s'était écroulé pour ainsi dire sans attendre le choc.

Il semble dès lors que tout va s'accomplir de soi-même et qu'au lendemain de la nuit du 4 août, après que les ordres privilégiés se sont dépouillés de leurs priviléges, les vœux exprimés avec tant d'unité en 1789 vont recevoir leur application. Il n'en est rien. Un seul des foyers où s'est élaborée la pensée révolutionnaire prétend conduire la Révolution. Qu'est-ce que le tiers-état? a dit Sieyès. Rien. Que doit-il être? Tout. Cette formule résume ce qui va se passer. Le tiers, après avoir reçu la chaleur, la vie, le mouvement des aspirations de tous, après avoir été fécondé pour être l'émissaire de la pensée commune, va se trouver au sommet de la nation en présence de son libéralisme étroit. Tout est détruit. Il va tenter de réédifier pièce à pièce une partie de l'édifice. La nature a voulu que la sève montât d'en bas; son premier soin sera de hiérarchiser pour la faire descendre d'en haut; la liberté du travail! il l'étêtera, il la taillera en quinconces. « Comment, s'écrie-t-il, une multitude aveugle qui souvent ne sait ce qu'elle veut, parce que rarement elle sait ce qui lui est bon, comment cette multitude exécuterait-elle d'elle-même une entreprise aussi grande, aussi difficile qu'un système de législation? » Il a fait, lui, ses humanités; c'est un bourgeois qui connaît son droit romain et qui parle avec emphase la langue des tragiques. Ayant d'ailleurs bien moins voulu diminuer le pouvoir central que le confisquer à son profit, il tente d'édifier une royauté bourgeoise sur les ruines du privilége et c'est sans peine qu'il persuade à la nation que l'autorité doit être concentrée. Par malheur du jour où il commence à se défier de la liberté, du jour où il veut enrayer la Révolution, tout devient difficile, les obstacles surgissent et le pays engagé dans une voie sans issue se débat vainement.

Avec sa logique impitoyable, la pensée révolutionnaire devrait livrer le pouvoir à la libre commune. Un seul privilége ne pouvait demeurer debout, alors que tous les autres s'abaissaient devant le droit commun. Le tiers-état espère cependant au début se faire couronner dans la personne de Louis XVI « revenu à de meilleurs sentiments. » Il met le roi aux arrêts et lui propose d'accepter sa Constitution sous la menace de vingt-six millions d'hommes, mais tout en signant la charte, Louis XVI se refuse à l'accepter. Devant cette résistance, les Constitutionnels sont contraints d'abdiquer et ils laissent la place à ceux qu'on a appelés les Girondins.

On put croire un instant que la pensée du XVIIIe siècle avait retrouvé des interprètes dignes d'elle. L'espoir ne fut pas de longue durée. Le *bourgeoisisme* reprend le dessus et le tiers-état entreprend à nouveau de fabriquer une société qui s'adapte à son gouvernement au lieu d'essayer de faire un gouvernement pour les besoins de cette société. De là à la Thébaïde dirigée par quelques trappistes politiques de l'école de Saint-Just, il n'y a qu'un pas. Marat, Danton, Robespierre sont toujours des autoritaires et de même que les Constitutionnels ont mis Louis XVI au cachot en le déclarant inviolable, de même les Jacobins mettent la nation en tutelle, tout en la proclamant libre. C'est toujours cet esprit étroit, mélange de pédantisme et de naïveté; pour ces hommes les peuples sont des masses inertes sur lesquelles peuvent être tentées toutes les expériences, et la science du gouvernement leur apparaît bien plus dans la nécessité de morigéner l'usage des facultés de chacun que dans celle d'en étendre l'exercice. Disciples de l'école de Salerne, ils pensent qu'il faut affaiblir le malade pour tuer la maladie et ils ne font qu'aggraver la nature du mal.

On demandait un jour à Cambon ce qu'il avait vu. « Voici tout ce que je sais de la Révolution, répondit-il : on avait allumé un grand phare dans la Constituante, nous l'avons éteint dans la Législative ; la nuit s'est faite dans la Convention et nous avons tout tué, amis et ennemis. » Il aurait pu ajouter : Au sortir de là la nation épuisée s'est jetée dans les bras du premier venu. La conséquence est en effet rigoureuse. Après la révolution des Etats-Unis, supprimez Washington, vous aurez Washington ; après la révolution française supprimez Bonaparte, vous aurez Bonaparte ; il s'appellera Moreau, Hoche, Pichegru, peu importe ; les gens de la basoche ont persuadé à la nation qu'elle ne peut se sauver elle-même, et elle est en quête d'un sauveur. Ce sauveur lui donnera-t-il le calme, la paix, le travail? Non, il promènera à travers l'Europe les débris haletants de la Révolution, il fera des Français les colporteurs de principes dont ils ne jouissent pas, et à qui nous demande aujourd'hui si la Révolution nous a donné la liberté, nous sommes forcés de répondre que nous l'attendons encore. M. Quinet a donc raison de dire que « si la France veut retrouver son génie, il lui faut réviser la tradition nationale. »

En écrivant ces lignes, j'étais uniquement préoccupé du démenti infligé par l'action révolutionnaire à la pensée qui l'avait fait naître, et je ne songeais pas plus alors qu'aujourd'hui à rechercher dans la restriction le remède aux maux de la restriction. Loin de là. Ce que je reprochais et ce que je reproche aux hommes de la Révolution, c'est non pas d'avoir été trop anarchistes, mais de ne l'avoir point été assez, c'est en d'autres termes de s'être défiés de la liberté. Je conviens que plusieurs causes se réunissaient pour pousser la Révolution dans les voies de la contrainte. Historiquement tout tendait depuis longtemps parmi nous à l'agrandissement du pouvoir central et si cette tradition n'eût pas existé elle serait née de la crainte qu'éprouvait la Révolution de n'être pas assez armée pour briser les résistances du régime qu'elle voulait détruire. C'est dans cette frayeur incessante qu'il faut chercher le germe de ces alternatives de colères et de défaillances stériles qui ont retardé et qui retardent encore en France l'avénement des institutions libres.

On comprendra que m'étant fait une règle de ramener la discussion des faits historiques à la discussion des principes qui les dominent, je néglige de relever les arguments de circonstance que M. de Liniers a semés dans sa *lettre*. J'estime d'ailleurs que la méthode qui consiste à changer de vocabulaire selon le parti auquel on s'adresse a fait son temps, et si je suis disposé à féliciter M. de Liniers de son zèle honnête et de sa noble indignation lorsqu'il blâme certains actes du régime nouveau; je ne saurais en aucune façon le louer lorsqu'il excuse les « abus » du régime ancien. On a souvent réclamé de l'historien la neutralité dans l'appréciation. Pour ma part, je suis moins exigeant, et je ne crois pas l'être trop en demandant simplement à chacun de conserver aux termes leur valeur et aux mots leur signification. Que les casuistes aient tout un arsenal de théories réputées bonnes pour résoudre les cas qui les embarrassent, je ne porte point envie à leur science. Sans considérer la couleur du drapeau, je pense que le meurtre, l'exil et la spoliation sont toujours et en tout état de cause de détestables moyens, et si j'ai tout récemment réfuté le roman de la Terreur par des documents authentiques, c'est que j'ai cru devoir, en rendant d'ailleurs aux faits leur véritable caractère, montrer l'inanité des mesures violentes et l'odieux des procédés de la force.

Si M. de Liniers désire au surplus que nous portions au débit de chaque époque le compte du sang versé ou des exactions commises, nous ferons cette balance.

Sans remonter bien haut, nous verrons alors ce qu'il faut penser des « abus inévitables de l'ancien régime, » de la confiscation des biens des protestants, des saisies de dépôts judiciaires, des révocations de contrats, des aliénations de rente, et de cet ingénieux système à l'aide duquel l'Etat se faisait accapareur et agioteur de la subsistance publique. Ouvrant les portes de la Conciergerie, nous ouvrirons celles de la Bastille ; parlant des assignats il faudra bien parler des assignations, et si nous disons ce que le clergé possédait en 1790, il sera de toute nécessité de dire aussi ce dont il était redevable. De cette discussion de la jurisprudence canonique et civile, nous passerons à celle des « droits » de la féodalité contractante et dominante, et avant de nous demander si 1793 procède de 1789, nous rechercherons d'où découle 1789. Nous aurons à examiner si la Révolution a inventé le papier-monnaie, si c'est elle qui a créé la dette de six milliards sous le poids de laquelle il lui faudra se débattre ; si enfin l'établissement du *maximum* n'est pas la conséquence forcée des pratiques de la monarchie, de même que l'épopée sanglante est la conséquence fatale des mesures arbitraires.

M. de Liniers peut être assuré — il en a pour garant mes précédentes études — que je ne ferai jamais figurer dans cette balance le plus ou moins de sympathie ou d'antipathie que peuvent m'inspirer ceux que nous aurons à juger. J'ajoute que non-seulement je devrai me considérer comme son très-obligé s'il rectifie les erreurs que j'ai pu commettre, mais que le pays lui aura une grande reconnaissance s'il parvient à effacer les taches qui obscurcissent quelques-uns des points de notre histoire.

—

III.

Venons à la troisième question.

Cette question, M. de Liniers la présente ainsi :
Y a-t-il de nos jours, nécessité pour l'homme qui aspire à la vie publique, de chercher dans les souvenirs de 1789 *la règle de sa conduite?*

Je pourrais faire observer que M. Dufaure n'a pas posé la question dans ces termes, mais le lecteur a déjà pu voir que nous sommes en présence de deux langues très-différentes.

Selon *la lettre du* 15 *mai*, il importe d'opposer en 1869 aux abus du régime personnel « la même indépendance, la même fermeté, le même bon sens pratique » que leur ont opposé nos pères en 1789. Selon le *Commentaire*, « 1789 étant lié à 1793, la Révolution se personnifiant successivement dans celui-ci, dans celui-là et dans tel autre, le manteau de Sem et de Japhet devient utile, il y a danger à se souvenir, imprudence à tourner la tête en arrière, etc., etc. »

La question est déplacée, mais telle qu'elle est voyons ce qu'elle vaut aux yeux mêmes de celui qui la pose.

Voici en effet ce que M. de Liniers écrivait il y a dix-huit ans (1) :

« L'un des grands malheurs de notre époque c'est à notre avis l'ignorance de l'histoire, ignorance qui suppose ou une présomption désordonnée chez la génération actuelle, ou un énervement des intelligences, incapables de se tremper aux sources vives du passé, dans leur avidité des jouissances du présent. La science historique offre cet immense avantage, trop méconnu de nos jours, de savoir *d'où l'on vient,* et de permettre, dans les limites des forces ou des prévisions humaines, de préparer l'avenir. Cicéron l'appelle donc : « la sublime leçon. » Si telle est la puissance des enseignements de l'histoire, et à ce sujet le témoignage de l'illustre philosophe se trouve confirmé par

(1) *L'Étoile de l'Ouest,* n° du samedi 30 août 1851.

l'expérience des siècles, avec quelle ardeur ne devons-nous pas les rechercher dans ces temps de doute et de ténèbres ? Quand il fait noir autour de nous, pouvons-nous hésiter à saisir ce brillant flambeau ? Quand chacun se demande en tremblant, *où va-t-on ?* Notre oreille attentive ne recueillera-t-elle pas avec avidité une réponse décisive à cette question redoutable, et notre esprit ne suivra-t-il pas avec docilité les conseils de cette voix d'en haut, qui crie : Interroge le passé de ce pays, marche dans la voie qu'ont frayée pour toi tes ancêtres, et l'avenir loin de t'effrayer te sera un noble sujet d'espérance. »

En ce temps-là, M. de Liniers ne redoutait pas « le sort de la femme de Loth, » il voyait dans l'étude du passé « la leçon de l'avenir; » il faisait plus, il engageait ses contemporains à « renouer le présent avec le mouvement de 1789, avec ce mouvement éminemment national (1). » Il acceptait la Révolution « jusqu'au serment du jeu de paume, » c'est-à-dire la Révolution dans les esprits et non dans les faits, la Révolution idéale.

Aujourd'hui, M. de Liniers regrette ce tant

(1) *L'Étoile de l'Ouest,* mardi 16 nov. 1851.

d'audace, il renie son innocent *distinguo*, et quiconque a trempé dans la rédaction des cahiers, quiconque a blâmé ou blâme les « intolérables abus » de l'ancien régime, est à ses yeux complice « de tous les malheurs, de tous les désordres, de tous les crimes. »

Pour mieux briser avec l'histoire des dernières années, M. de Liniers a tenté un voyage d'exploration à travers les siècles précédents, et dans ce voyage il a découvert les bases de notre vieille Constitution française, que les plus hardis n'avaient pu encore découvrir. C'est là que sont ces principes, et du haut de ces principes introuvables il donne des conseils à ceux qui « abordent la vie publique. »

Pour nous conformer à ses avis, M. de Liniers nous permettra bien, avant de considérer « où il va » de rechercher « d'où il vient. »

L'auteur de la *lettre à M. Dufaure* a pendant trois années rédigé un journal politique, *l'Étoile de l'Ouest*. A-t-il fait preuve à cette époque de cette clairvoyance qui rend la marche sûre? Son esprit s'est-il toujours tenu dans la « région sereine du calme et de la froide raison, » au-dessus des « querelles, des rancunes et des haines ?»

On va en juger.

A la veille du coup d'Etat de décembre, M. de Liniers déclarait hautement « que le despotisme était désormais impossible en France, qu'il en était de même du pouvoir absolu, que l'histoire des dernières années démontrait l'impuissance des coups d'Etat et la répulsion unanime que rencontrait dans le pays la théorie de l'omnipotence gouvernementale sans contrôle et sans frein, etc., etc. (1). »

Et quand furent invoqués les articles de la Constitution qui autorisaient la Chambre à requérir la force armée, quand les questeurs revendiquèrent ce droit au nom du salut et de la dignité de la représentation nationale, le rédacteur de *l'Étoile de l'Ouest* conseilla aux députés de son parti de passer outre. « La lettre de la Constitution, s'écriait-il, doit-elle nous inspirer notre règle de conduite à nous légitimistes (2) ? »

Certes, je ne veux pas faire un reproche à

(1) *L'Étoile de l'Ouest*, 4 septembre 1851.
(2) *L'Étoile de l'Ouest*, 13 novembre 1851. Voir pièce 3, *Appendice*.

M. de Liniers de s'être trompé en 1851, et de n'avoir eu en présence du danger commun ni le coup-d'œil juste, ni le coup-d'œil large. Mais quand on a erré de la sorte, il siérait peut-être de se demander si l'on n'a pas été soi-même le jouet « des courants trompeurs » dont on signale si complaisamment le danger à d'autres ; il conviendrait encore, avant d'attribuer gratuitement au voisin les passions étroites, de faire son examen de conscience et de rechercher si l'on n'a point péché.

Nous n'avons pas eu, nous, la fortune de peser, même du poids léger de la plume, dans les destinées de notre pays. Tout était fait quand nous sommes nés à la vie politique. La réaction nous avait préparé des loisirs. Les avons-nous mis à profit ? C'est ce qu'il importe d'examiner.

Que M. de Liniers témoigne à notre égard d'un profond dédain, c'est son droit, car il ne parle que par ouï dire, mais il trouvera juste que nous n'acceptions pas l'écho infidèle pour article de foi.

On lui a conté, mais il n'en croit rien, « que les libéraux de 1869 veulent la même chose et qu'ils poursuivent le même but que les libéraux de 1830. »

M. de Liniers a raison de n'en rien croire.

Les libéraux de 1869 repoussent « cette prééminence politique des classes moyennes (1), cette domination qui ne repose que sur l'argent, ce régime qui n'est que l'adoration du veau d'or (2). » Ils pensent que « la meilleure des républiques » est celle qui se fonde et vit par la liberté. Ils estiment qu'il n'est que cette liberté qui puisse asseoir l'ordre sur des bases durables, et rendre à nos relations sociales l'équilibre troublé par les entreprises de l'arbitraire ou les frayeurs de l'égoïsme. « Adversaires des tendances prétendues organisatrices de ce temps, ils n'admettent pas que les pouvoirs publics aient mission d'assigner à la société une fin quelconque, ou de l'organiser en vue de la fin qu'ils prétendent lui assigner, » et visant à remplacer la prévention par la répression, la tutelle par le libre exercice des facultés, ils veulent que tous les travaux, unis seulement par les rapports volontaires qui les lient, soient abandonnés à leur naturelle indépendance. « Elevés à l'école du malheur » selon l'expression d'un

---

(1) *L'Étoile de l'Ouest*, 30 avril 1851.
(2) *L'Étoile de l'Ouest*, 2 septembre 1851.

prince heureux, ces « libéraux » ne « s'inclinent devant aucune idole, » mais ils ont un tel respect pour la liberté qu'ils la veulent complète pour tous et chez tous. Ils ne se demandent pas si l'exercice d'un droit peut leur être nuisible ou profitable, ils aiment le juste parce qu'il est le juste, et que tout ce qui lui porte atteinte n'est pas seulement blâmable, mais nuisible. S'ils ont un mérite, c'est d'avoir pris de l'économie des peuples une idée plus étendue et plus vraie, d'avoir fait des travaux qu'elle embrasse une étude plus profonde et plus nette, d'avoir mieux compris les rapports établis entre les hommes, et de s'être rendu un compte meilleur de l'influence qu'ils peuvent avoir sur le développement social. — Tout en séparant la vérité théorique de la vérité susceptible d'application, ils ne craignent pas de conduire leurs idées jusque dans leurs dernières conséquences, et ils s'efforcent d'en faire l'épreuve dans la mesure où ils peuvent la faire, sans croire que la vertu soit tenue pour mériter ce nom de demeurer oisive.

Et si pendant les dix-huit années que nous venons de traverser, ils ont vu malgré leurs efforts surnager au-dessus du naufrage, « les querelles, les rancunes et les haines, » ils ne s'en prennent qu'à ceux qui ayant tout oublié ont dédaigné de rien apprendre.

Quant aux « théories insensées » qui sont, au dire de M. de Liniers, le seul point de rapprochement qu'on puisse établir entre notre époque et la Révolution, les « libéraux de 1869 » ne s'en effraient pas.

Ils savent que le bruit et les excentricités sont dans la nature des choses humaines, qu'il y a toujours eu des bruyants ou des excentriques, les uns par calcul, les autres par ignorance, et que le moyen de les calmer et de les ramener à la raison n'est point de les injurier, mais bien de réfuter leurs arguments. Ils pensent que la pire action que l'on puisse commettre, est de stygmatiser les minorités, parce qu'elles sont les minorités et ils laissent cela à ceux qui ont un intérêt personnel à servir l'opinion dominante ou à se faire bien venir d'elle.

Ils estiment enfin que nous ne devons pas nous incliner devant « les abus que nous subissons par crainte d'abus d'un autre genre ? ».

J'ajoute que cette fidélité « au bon sens pratique» ne doit pas étonner M. de Liniers, car il pensa ainsi autrefois ; il disait très-justement au temps jadis, que « le salut contre les excès de la liberté ne gît pas dans les excès de l'autorité? (1). » En ce temps aussi, il ne redoutait pas de rechercher le pourquoi « des théories insensées. »

« Les prédications incendiaires, écrivait-il, les excitations haineuses des éternels ennemis de la propriété, de l'autorité, de la société, trouvent leur point d'appui dans la guerre des classes, dans la concurrence industrielle, dans la misère matérielle du peuple. Cet antagonisme, *cette concurrence*, cette misère, sont les tristes fruits du monopole (2). »

Ces plaies que signalait M. de Liniers en 1851 sont-elles aujourd'hui cicatrisées? et suffit-il pour les guérir de déclarer que ceux qui ne craignent pas d'en sonder la profondeur sont indistinctement « des démolisseurs, des anarchistes, des terroristes ? »

Non, elles ont survécu à l'ancien régime parce

(1) *L'Étoile de l'Ouest,* 16 septembre 1851.
(2) *L'Étoile de l'Ouest,* 16 septembre 1851.

que le nouveau n'a pas eu l'énergie de rejeter loin de lui les barbares appareils de la contrainte. Le monopole moderne n'est que la queue du privilége et s'il se maintient dans nos institutions, nous ne devons point nier qu'il y existe, mais tâcher de l'en faire disparaître.

« Les libéraux de 1869 » pensent à cet égard que les misères sociales ont des germes plus profonds que « l'antagonisme des classes » qu'elles dérivent des contradictions incessantes des lois et que la *concurrence* ne saurait en aucun cas être considérée comme le fruit du monopole, puisqu'elle en est la contradiction. Ils croient et ils démontrent que détruire cette concurrence c'est détruire la possibilité et par suite la faculté de choisir, de juger, de comparer que « c'est tuer l'intelligence, tuer la pensée, tuer l'homme (1). » Et ils tâchent de réveiller autant par l'action morale que par l'action matérielle, cet élan naturel aboli chez l'individu par de trop longues souffrances et par les mœurs décourageantes qui en résultent.

(1) Bastiat. *Harmonies économiques.*

A côté d'eux il est des réformateurs qui nient la liberté de l'individu, ne reconnaissent d'autres droits que ceux de la collectivité et qui, après avoir soumis les sociétés à des formes artificielles, rêvent de les enchaîner à l'un des systèmes d'association qu'ils ont imaginés.

Il en est encore d'autres qui voudraient faire table rase de toutes les inégalités sociales pour procéder à un partage meilleur, s'imaginant que les abus ne renaîtraient pas de ces ruines.

Les uns et les autres se trompent, mais aux yeux des « hommes de 1869 » l'erreur n'est pas un crime ; elle est l'erreur et ils la discutent.

Sans s'inquiéter des termes plus ou moins violents qui recouvrent les choses, ils vont au fond de ces choses, et ils croient pouvoir affirmer que toutes les réformes sont intimement liées, que l'organisation politique n'est que le vêtement de l'organisation sociale, et que plus ce vêtement est large plus l'action est libre.

Ils ajoutent que l'équilibre sanctionné par la liberté étant plus juste que celui que tenterait vainement d'établir la sagacité faillible d'une magistrature humaine, il est dès lors indispensable d'en faciliter l'établissement par la suppression de ces procédés de tutelle qui ont tout envahi, depuis notre code politique jusqu'aux moindres détails de la législation civile.

« Les hommes de 1869 » ont, ainsi qu'on le voit, une grande ambition. Il ne leur suffit pas que l'homme né soit l'esclave de personne, ils veulent encore qu'il devienne le maître de lui-même. S'ils n'ont pas imaginé d'associer le droit commun au droit exclusif, s'ils rejettent ces prétentions qui tendent à confier à quelques-uns le privilége de diriger les autres dans toutes leurs actions, c'est qu'ils estiment que tout le monde doit vivre au grand air de la liberté.

« L'ambition n'est pas un crime en soi, nous dit M. de Liniers ; elle demeure permise aux partis comme aux individus. Malheureusement les moyens de parvenir ne sont pas le plus souvent aussi légitimes. »

Nous ne connaissons, nous, rien de plus légitime que le respect de la liberté chez autrui, et rien de plus illégitime que cette ambition de réserver ce qu'on appelle un droit particulier. Il nous paraît difficile d'admettre que dans une société qui repousse tous les priviléges et tous les monopoles, il reste place pour un seul privilége ou pour un seul monopole, et la France le comprend si bien ainsi que depuis près de quatre-vingts ans elle a successivement rejeté tout ce qui prétendait à la fonction exclusive.

Chaque fois, il faut le dire, elle est retombée dans cet état de dépendance où le vice de ses habitudes l'ont jusqu'ici retenue, mais on peut prévoir que nous en avons fini avec « ces convulsions périodiques qui nous ont fait passer tour à tour du régime tempéré au régime absolu et du régime absolu au régime tempéré, faute d'avoir abordé le problème par son véritable côté, c'est-à-dire faute d'avoir relevé la nation de son état de déchéance et d'avoir cherché dans l'émancipation de l'individu et des différents groupes, cet équilibre stable qui ne peut être que la résultante du libre jeu de toutes les parties (1). »

La grande erreur des hommes qui nous ont

---

(1) Antonin Proust. — *Les Élections de 1869*. — Février 1869.

précédés, a été de croire que la liberté pouvait vivre avec l'outillage de l'arbitraire, et partant de cette doctrine fausse, ils se sont beaucoup plus attachés à la dénomination du gouvernement qu'à sa forme.

Chaque fois qu'ils ont été au pouvoir, ils ont craint de se dessaisir de l'autorité qui s'y trouvait concentrée, sans s'apercevoir que le maintien de cette concentration laissait subsister l'inexpérience et l'inertie qui s'opposaient à l'établissement de la liberté. Aujourd'hui encore quelques attardés traînent à leur suite ces théories abusives, mais ils ne sont que le petit nombre et sans dire que la notion exacte du droit soit universellement répandue, il est permis d'affirmer que sur beaucoup de points, elle est plus saine qu'elle ne l'a jamais été.

L'expérience faite pendant les dix-huit années de l'empire n'y a pas été d'ailleurs indifférente. Il n'est personne qui ne soit à cette heure persuadé que « s'il paraît séduisant à quelques-uns de se faire entrepreneurs de félicité publique, et s'il semble commode à d'autres de se condamner au rôle d'automates, ces concordats entre l'ambition et l'égoïsme ne sont pas de longue durée (1)» et tout le monde demeure aujourd'hui convaincu « qu'il n'est pas plus possible à un homme de substituer son activité à l'activité générale, qu'il n'est permis à une nation de se désintéresser du soin de ses affaires (2). »

Nous n'avons donc pas de motifs de désespérer de l'avenir de notre pays. Bien au contraire.

Il importe assez peu d'ailleurs que les classes dirigeantes aient successivement méconnu leur rôle, et qu'après avoir tour à tour donné des preuves d'intelligence, elles n'offrent aujourd'hui que le spectacle d'une disproportion choquante entre la grandeur du nom, de la fortune ou de la fonction et le peu d'importance des personnes.

Si elle souffre de ces anomalies, si elle en est entravée dans sa marche, une nation n'est point pour cela condamnée à l'immobilisme, et toutes les doléances sur les misères du temps présent ont forcément pour conclusion le mot de Galilée.

Qui pourrait nier en effet que chaque jour con-

---

(1) Antonin Proust.— *Les Elections de 1869*. — Février 1869.

(2) Idem.

tribue à nous tirer de la dépendance des choses, de la dépendance de nos semblables, de la dépendance de nous-mêmes.

Qui ne voit que le progrès ressaisit d'un côté ce qu'il semble abandonner de l'autre. Dans notre siècle la science positive a fait ce que la science spéculative a négligé de faire, et si, comme tout porte à le croire, la morale et la politique sont à la veille de se réconcilier, nous recueillerons de ces lents et pénibles travaux plus de profit qu'on n'aurait pu d'abord le prévoir.

Est-ce à dire que nous ne tomberons pas encore les uns envers les autres dans un grand nombre d'injustices et de violences particulières? Certainement non, mais cette ignorance et ces désordres privés n'affecteront pas la liberté au même degré que le manque d'instruction et de moralité qui nous vient des siècles passés.

Il ne tient d'ailleurs qu'à nous qu'il en soit ainsi. Il dépend de « notre bon sens et de notre fermeté » de déjouer les conspirations dont nous avons été victimes.

Les nations, a-t-on dit, n'ont jamais que les

gouvernements qu'elles méritent, elles sont la matière dont ils sont formés, et s'ils sont vicieux c'est qu'elles ne sont pas irréprochables.

Faisons donc appel à notre raison, repoussons ces odieuses coalitions de l'égoïsme, de l'ignorance et de la peur qui nous ont valu jusqu'ici l'égalité dans l'humiliation, et réclamons résolument pour les autres ce que chacun de nous veut pour lui-même, la liberté dans le droit.

IV.

Un mot maintenant sur les procédés d'argumentation employés par M. de Liniers.

Si l'auteur de la *Lettre à M. Dufaure* veut bien accepter un conseil de ma part, je ne saurais trop l'engager à se bien pénétrer des pages que l'anglais Stuart Mill a écrites sur « l'intolérance de sentiment. »

Il verra là que la discussion négative s'éloigne autant de la discussion positive que la dispute de la dialectique, et qu'il n'est pas toujours facile de séparer les idées des personnes.

Pour moi qui pense que le dédain (1) n'est jamais

---

(1) Il convient, dit M. de Liniers, en parlant des libéraux de 1869, de rejeter de la *saine* langue politique les mots dont la signification n'est pas irrévocablement fixée.

une bonne raison et qu'il est toujours une mauvaise excuse, j'ai cru devoir lire ce qu'a jadis écrit M. de Liniers et après cette lecture je demeure fermement convaincu que tout en désignant ses adversaires par cette qualification de « libéraux, » l'auteur de la *lettre à M. Dufaure* a la prétention d'être aussi libéral que qui que ce soit.

Son opinion est, si j'ai bien saisi sa pensée, que la liberté est suffisamment garantie par ce qu'il appelle « l'alliance du droit monarchique et du droit commun (1), » c'est-à-dire par l'établissement de la monarchie constitutionnelle héréditaire.

Irai-je donc lui dire, parce qu'il est partisan du gouvernement d'un seul, que la logique le rend complice de tous les actes passés, présents et futurs du régime personnel ?

Si de mon côté je déclare que la réserve de ce prétendu « droit monarchique » me paraît être en contradiction avec le droit commun, si je démontre que la forme républicaine est celle qui assure aux hommes la plus grande somme de

(1) *L'Étoile de l'Ouest*, 16 septembre 1851.

liberté, cette opinion personnelle deviendra-t-elle responsable de toutes les fautes qui ont pu être commises par ceux qui l'ont précédemment partagée?

Ne sera-t-il plus possible d'admettre qu'un principe, excellent en lui-même, a pu être mal compris et par conséquent mal appliqué?

Devrons-nous, avant de condamner « un abus », nous enquérir de la qualité de celui qui s'en est rendu coupable? Faudra-t-il, avant de louer « la fermeté, l'indépendance, le bon sens, » rechercher si ceux qui en ont fait preuve sont ou ne sont pas nos adversaires?

Est-il nécessaire enfin d'avoir des jugements comme des droits d'exception, et en sommes-nous encore à considérer tout ce qui est hors la frontière de notre opinion comme imprégné de tous les vices et dépourvu de toutes les vertus?

Non, et d'ailleurs d'après les propres déclarations de M. de Liniers, il nous est permis de croire que ce ne sont point ces récriminations stériles qui nous valent son retour à la discussion.

Si le rédacteur de l'*Etoile de l'Ouest* se décide à reprendre la plume; s'il vient, selon son expression, « rompre une lance dans l'arène politique, » c'est pour réfuter des doctrines, c'est pour opposer à ces doctrines les vérités éclatantes qui doivent les faire rentrer dans l'ombre.

Or, quelles sont ces doctrines?

Quelles sont les vérités qu'on peut leur opposer?

Toute la question est là, et cette question étant ainsi posée par l'auteur de la *Lettre à M. Dufaure*, son premier soin devait être d'y répondre.

Nous ne pouvons supposer un seul instant que M. de Liniers ait été retenu par quelque scrupule à l'endroit de l'opportunité du débat, car la situation dans laquelle nous sommes, appelle les propositions nettes et jamais, on peut le dire, il n'y a eu plus grande nécessité de faire preuve de « fermeté et de bon sens. »

Après dix-sept années de douloureuses expériences, le pouvoir personnel est forcé de convenir qu'il s'est trompé et qu'il nous a trompés.

L'impuissance de la toute-puissance d'un seul se trouve démontrée une fois de plus et en présence de cette démonstration qu'il était facile de prévoir et que personne ne peut aujourd'hui méconnaître, il est tout au moins inutile, et il serait assurément dangereux de rééditer la fable de l'Enfant et du Pédagogue.

« Ce que nous devons nous proposer, disait, il y a quelques jours, un très-savant professeur du collége de France, c'est d'éclairer l'histoire par les enseignements de l'économie politique et plus encore l'économie politique par l'expérience de l'histoire. Nous avons devant nous toute la série des civilisations passées et toute la diversité des civilisations présentes ; continuons à puiser dans ce trésor des faits et soyons persuadés que les grandes lois économiques nous apparaîtront plus solidement fondées, plus incontestables et, si je puis ainsi dire, d'une évidence plus pénétrante, quand elles ressortiront de l'histoire, comme une conséquence universelle, nécessaire de la vie des sociétés et qu'à côté de ces grandes lois, plus d'un aperçu nouveau, utile, s'ouvrira quand nous aurons sous les yeux la perspective des institutions, des mœurs et des destinées économiques des nations (1).

(1) *Leçon d'ouverture de M. Levasseur, de l'Institut, professeur d'économie politique au collége de France.*

Je me suis pour ma part attaché à cet examen comparatif de l'histoire et de l'économie politique, et sans dire que la méthode que j'ai adoptée soit irréprochable, je crois ne m'être point écarté des règles qu'impose l'indépendance complète de la pensée et le respect absolu des opinions contraires à celle que j'ai pu concevoir.

Si ces études m'ont conduit à cette conclusion que le libre exercice de la volonté peut seul nous éviter les convulsions stériles, si je demeure convaincu que le principe électif, tel qu'il est adopté aux États-Unis, est de tous le plus favorable au développement des forces humaines, je ne prétends pas pour cela faire supporter le poids de nos humiliations ou donner la charge de nos espérances à l'un ou l'autre des dogmes qui ont prévalu parmi nous. Je pense au contraire que les gouvernements qui se sont succédés en France depuis la fin du dernier siècle, doivent tous être tenus pour les accidents d'un même phénomène, ayant tous plus ou moins répondu à cette vaine ambition qui consiste en théorie à mettre d'accord la contrainte et la liberté, et qui mène dans la pratique à passer périodiquement de la spoliation brutale à la spoliation légale.

La crainte de n'être pas assez gouverné, tel est le mal français. La nécessité de se gouverner, tel est le remède au mal.

Il appartient donc à tout citoyen de contribuer dans la mesure de ses forces à la guérison commune.

C'est le sentiment de ce devoir qui m'a toujours servi de règle de conduite, et si j'ai récemment « aspiré à la vie publique » c'est qu'en présence des difficultés à vaincre aucun effort ne me paraît inutile, aucune abdication ne me semble permise.

« *Cette ambition* » nous a valu la très-éloquente protestation de M. Dufaure contre les pratiques de l'arbitraire. Elle nous vaut aussi par contre-coup la *lettre à M. Dufaure*.

Le public appréciera.

Pour ma part, ainsi que je l'avais annoncé au début, j'ai simplement voulu opposer aux erreurs (1) contenues dans cette *lettre* le témoi-

(1) Je n'ai pas cru devoir insister sur ces erreurs au cours de la discussion, mais on trouvera quelques documents nécessaires aux pièces justificatives 1, 2, 3, 4 et 5.

gnage du passé et les enseignements qui en découlent.

J'attends pour discuter l'opinion de M. de Liniers sur le présent, qu'il veuille bien réaliser les promesses qu'il a faites dans sa préface, c'est-à-dire qu'il formule cette opinion.

APPENDICE

—

PIÈCES JUSTIFICATIVES

PIÈCE JUSTIFICATIVE N° I.

—

MÉMOIRE DE MALESHERBES AU ROI.

« Nous venons, Sire, plaider la cause du peuple au tribunal de son roi. Que n'est-il permis à la nation elle-même de s'expliquer sur ses intérêts les plus chers ! Mais les États-Généraux n'ont point été convoqués depuis cent soixante ans et nous ne prévoyons pas qu'ils le soient; c'est donc nous qui devons mettre sous vos yeux, Sire, le triste spectacle du plus beau royaume de l'Univers gémissant sous le poids d'une tyrannie qui fait tous les jours de nouveaux progrès.

« On loue, Sire, et l'on implore souvent votre bienfaisance, mais nous, c'est votre justice que nous venons invoquer, car nous savons que presque tous les sentiments dont est susceptible l'âme d'un roi, l'amour de la gloire, celui des plaisirs, l'amitié même, le désir si naturel au prince de rendre heureux ceux qui approchent de lui, sont des obstacles perpétuels à la justice rigoureuse qu'il doit à ses sujets, parce que ce n'est qu'aux dépens du peuple qu'un roi est vainqueur de ses ennemis, magnifique dans sa cour et bienfaisant envers ceux qui l'environnent.

« Si la France est accablée sous le poids des impôts, si sa dette nationale est immense, il faut que Votre Majesté se souvienne que c'est la gloire de ses ancêtres qui est encore à la charge des générations présentes.

« Jetez les yeux sur cet infortuné pays, Sire ! Il restait à chaque corps, à chaque communauté des droits : ces droits ont été enlevés à vos sujets. Depuis que des ministres puissants se sont fait un principe politique de ne point laisser convoquer d'assemblée nationale, on en est venu de conséquence en conséquence jusqu'à déclarer nulles les délibérations des habitants d'un village quand elles ne sont pas autorisées par l'intendant.

« On est arrivé, Sire, à étouffer en France tout esprit public, à éteindre jusqu'aux derniers sentiments du citoyen. On a pour ainsi dire interdit la nation entière et on lui a donné des tuteurs. »

PIÈCE JUSTIFICATIVE Nº II.

LETTRE DE TURGOT AU ROI.

« 30 avril 1776.

« ... Sire, j'ai cru que Votre Majesté, avec l'amour de la justice et la bonté gravé dans son cœur, méritait d'être servie par affection. Je me suis livré à ce sentiment. J'ai vu ma récompense dans votre bonheur et dans celui de vos peuples. J'ai bravé la haine de tous ceux qui gagnent à quelques abus. Tant que j'avais l'espérance que Votre Majesté m'estimât, et de faire le bien, rien ne m'a coûté. Quelle est aujourd'hui ma récompense ? Votre Majesté voit l'impossibilité où je suis de résister à ceux qui me nuisent par le mal qu'ils me font et par le bien qu'ils m'empêchent de faire, en croisant toutes mes opérations, et Votre

Majesté ne me donne ni secours, ni consolation. Comment puis-je croire que vous m'estimiez et que vous m'aimiez? Sire, je ne l'avais pas mérité, j'ose le dire !

« ... Vous manquez d'expérience, Sire ; je sais qu'à vingt-deux ans et dans votre position, vous n'avez pas la ressource que l'habitude de vivre avec des égaux donne aux particuliers pour juger les hommes ; mais aurez-vous plus d'expérience dans huit jours, dans un mois ? Et faut-il attendre pour vous déterminer que cette expérience soit arrivée ? Vous n'avez point d'expérience personnelle, mais pour sentir la réalité des dangers de votre position, n'avez-vous pas l'expérience si récente de votre aïeul.

« ... Louis XV avait, à quarante ans, la plénitude de son autorité. Il n'y avait point alors de chaleur dans les esprits. Aucun corps n'avait essayé ses forces. Et vous, Sire, vous avez vingt-deux ans et les parlements sont déjà plus animés, plus audacieux, plus liés avec les cabales de la cour qu'ils ne l'étaient en 1770, après vingt ans d'entreprises et de succès. Les esprits sont mille fois plus échauffés sur toutes sortes de matières, et votre ministère est presque aussi divisé et plus faible que celui de votre prédécesseur. Songez, Sire, que, suivant le cours de la nature, vous avez cinquante ans à régner, et pensez au progrès que peut faire un désordre qui, en vingt ans, est parvenu au point où nous l'avons vu. Oh! Sire, n'attendez pas qu'une pareille expérience vous soit venue et sachez profiter de celle d'autrui...

« ... N'oubliez jamais, Sire, que c'est la faiblesse qui a mis la tête de Charles Ier sur un billot ; c'est la faiblesse qui a rendu Charles IX cruel ; c'est elle qui a formé la Ligue sous Henri III, qui a fait de Louis XIII, qui fait aujourd'hui des rois du Portugal, des esclaves couronnés ; c'est elle qui a fait tous les malheurs du dernier règne.

« ... Je ne puis assez répéter à Votre Majesté ce que je prévois et ce que tout le monde prévoit d'un enchaînement de faiblesses et de malheurs, si les plans commencés sont abandonnés et si le ministre qui les a mis en avant succombe à l'effort des résistances qui s'unissent contre lui.

« ... Et que sera-ce, Sire, si aux désordres de l'intérieur se joignent les embarras d'une guerre que mille démarches imprudentes peuvent amener, ou que les circonstances peuvent forcer ? Comment la main qui n'aura pas tenu le gouvernail dans le calme pourra-t-elle soutenir l'effort des tempêtes ? Comment soutenir une guerre avec cette fluctuation d'idées et de volontés, avec cette habitude d'indiscrétion qui accompagne toujours la faiblesse ?

« ... Voilà, Sire, où vous en êtes : un ministère faible et peu uni ; tous les esprits en fermentation ; les parlements ligués avec toutes les cabales, enhardis par une faiblesse notoire; des revenus au-dessous de la dépense, la plus grande résistance à une économie indispensable ; nul ensemble, nulle fixité dans les plans, nul secret dans les résolutions de vos conseils..., et c'est dans ces circonstances que Votre Majesté peut n'être pas frappée des dangers que je lui ai montrés avec tant d'évidence !

« ... En vérité, Sire, je ne vous conçois pas ; on a eu beau vous dire que j'étais une tête chaude ou chimérique, il me semble cependant que tout ce que je vous dis ne ressemble pas aux propos d'un fou... Il faut bien que je sois animé par une forte conviction, puisque je me suis permis de dire ce que je pense..., au risque de déplaire à Votre Majesté... Mais je croirais vous trahir en vous laissant succomber sans vous avertir autant qu'il en est en moi.

« ... Si j'ai le malheur que cette lettre-ci m'attire la disgrâce de Votre Majesté, je la supplie de m'en instruire elle-même. Dans tous les cas, je compte sur son secret.

« TURGOT. »

PIÈCE JUSTIFICATIVE N° III.

LA PROPOSITION DES QUESTEURS.

Il existe quelque part dans la Constitution de 1848, deux ou trois articles qui confèrent au président de l'Assemblée nationale, le droit de requérir directement l'emploi de la force-armée pour la sûreté et la défense de l'assemblée.

Une proposition, émanée de MM. Baze, Leflô, de Pannat, questeurs, et tendant à régulariser l'exercice de ce droit, vient d'être soumise aux bureaux.

Nous ne discuterons ni l'opportunité, ni la légalité d'une semblable proposition. Cette question en elle-même nous semble assez mince, malgré les proportions qu'on s'efforce de lui donner.

Il est un point seulement sur lequel nous voudrions appeler l'attention de nos amis et ce point le voici :

La mesure dont on propose l'adoption d'urgence à l'Assemblée, n'est-t-elle point entachée de l'esprit révolutionnaire ?

Le droit qu'on invoque, pour être parfaitement constitutionnel, ne pourrait-il pas dans son exercice porter atteinte à la discipline, à la hiérarchie militaire, garanties essentielles de l'ordre social ?

On se reporte à la Constitution, on se retranche derrière la loi républicaine.

Mais la lettre de la Constitution, mais l'esprit républicain, doivent-ils nous inspirer notre règle de conduite, à nous légitimistes ?

Tout en restant dans la légalité, sommes-nous tenus de défendre une charte dont nous demandons chaque jour la révision ?

Qu'on y prenne garde ?

Autre chose est de respecter la Constitution, autre chose est d'en bénéficier au détriment peut-être d'une des forces les plus vivaces de la société.

Une assemblée ne se défend point par de telles mesures ; sa dignité ne repose pas sur les troupes qui la gardent. La conscience du devoir accompli doit lui suffire et la protéger. Si Napoléon a pu faire le 18 brumaire, c'est que la représentation nationale était avilie, méprisée, antinationale.

On ne jette pas le droit par les fenêtres. On ne le défend pas par les moyens révolutionnaires. L'assemblée le comprendra, nous l'espérons.

Amaury de Liniers.

Jeudi, 13 novembre 1851.

PIÈCE JUSTIFICATIVE N° IV.

« Je ne confonds point les hommes de 1789 avec les principes dits de 1789. Ces principes que je professe n'ont point été découverts à cette date; ils étaient la base de la vieille Constitution française. » (*Lettre à M. Dufaure,* p. II.) A la même page, M. de Liniers invoque l'autorité de Mounier et je ne crois pouvoir mieux faire que de l'invoquer à mon tour sur ce fait de l'existence ou de la non existence d'une Constitution française antérieure à 1789.

A. P.

Nous n'avons point de Constitution, car il faut entendre par ce terme un corps de règles fondamentales sur lesquelles sont appuyés tous les ressorts du gouvernement, un corps de règles qui laisse au corps social les moyens d'obtenir les lois nécessaires au maintien de l'ordre public, un corps de règles qui indique au peuple ce qui doit lier son obéissance, qui retienne tous les agents du pouvoir dans de justes limites, qui fasse que les lois ne soient jamais vainement invoquées, qu'on ne puisse leur substituer des décisions arbitraires et qu'en se conformant à ce qu'elles ordonnent, le plus obscur des citoyens puisse jouir d'ailleurs de toute l'indépendance de la nature.

Pour prouver que nous avons en France une Constitution, quelques publicistes remontent jusqu'aux capitulaires des Mérovingiens, mais ces capitulaires pourraient tout au plus servir à prouver que nous avions autrefois une Constitution et que nous l'avons perdue depuis près de dix siècles. Mais non-seulement nous n'avons pas de Constitution, nous n'avons pas même de lois; car des décisions passagères, qui changent au gré des ministres et dont la plupart ne sont pas exécutées, ne sauraient mériter ce nom.

Rien ne peut résister aux caprices d'un ministre, aux intrigues d'un grand. Le pouvoir arbitraire s'étend depuis la cour jusqu'aux extrémités du royaume; ne connaissant point de bornes il ne saurait en prescrire à ceux qu'il emploie.

Quand un peuple jouit réellement d'une Constitution,

les lois les plus importantes sont connues des citoyens, parce que tout ce qui tient à l'ordre public les intéresse; chez les Français au contraire qui n'ont que des usages, des rescrits contradictoires, les lois ne sont qu'un moyen de plus d'opprimer les faibles. Le citoyen obscur en supporte le joug; le citoyen opulent les brave sans péril, et tandis que les délits dont celui-ci se rend coupable envers la classe pauvre, sont presque toujours impunis, les prisons se remplissent chaque jour de malheureux artisans arrachés à leurs familles pour les fautes les plus légères ou pour de simples soupçons.

Qu'on ne vienne donc pas parler de Constitution lorsqu'il est impossible d'indiquer clairement les véritables caractères auxquels on doit reconnaître les lois, lorsque des agents subalternes font chaque jour les réglements que peuvent dicter à un homme tous les caprices de la raison humaine, lorsqu'on s'arroge le droit de faire des lois qui sont sans force contre les riches et qui n'oppriment que le pauvre.

Est-il possible d'ailleurs d'établir une Constitution tant qu'on entendra retentir le mot privilége. Dès qu'on propose de faire un changement utile, chacun se plaint de la violation de ses droits, parce que chacun qualifie de loi fondamentale l'abus qu'il veut maintenir. Et alors on entend soutenir qu'il y a une Constitution, bien que le gouvernement soit sans règles et sans principes.

Combien d'hommes déclarent de la sorte qu'ils sont satisfaits de la Constitution présente, c'est-à-dire qu'ils sont satisfaits de n'en avoir point!

Combien d'hommes sont intéressés à la conservation de tous les abus; tant de courtisans, tant d'agents subalternes du despotisme et ceux qui s'enrichissent dans les finances, et cette armée si nombreuse de gens de loi, qui environnent l'affreux labyrinthe de notre législation et qui profitent de son obscurité.

O mes concitoyens, espérons encore; unissons-nous pour assurer le bonheur de nos enfants; ne perdons pas, en vaines disputes, le temps précieux qui nous reste pour obtenir la liberté; ne soyons rivaux qu'en patriotisme; soyons prêts à tous les sacrifices; cédons tout au bien général et ne nous rappelons jamais les préjugés de nos professions que pour dénoncer les abus qu'elles nous ont fait connaître.

Ceux à qui le sort a réservé l'éclat du rang et de la fortune, seraient-ils assez aveuglés par la prospérité pour craindre de meilleures lois! Ne trouveraient-ils aucun avantage dans une Constitution qui, en leur interdisant les moyens de nuire à la liberté des autres, mettraient la leur propre à l'abri de toute atteinte! Si vous êtes insensibles à tous les maux des autres hommes, réfléchissez sur ce que vous êtes, privilégiés.

Qu'êtes-vous de plus que des esclaves décorés à qui leurs maîtres laissent la liberté d'opprimer de plus faibles esclaves ! Connaissez donc le prix d'une véritable Constitution.

Mounier. — 1789.

PIÈCE JUSTIFICATIVE N° V.

« Dès les premiers mois de la Révolution, la justice doit se voiler la face. On pille, on incendie, on tue impunément. » (*Lettre à M. Dufaure*, p. II.)

LES TROUBLES DES PREMIERS JOURS DE LA RÉVOLUTION.

De toutes les réformes que devait opérer l'assemblée constituante, une des plus urgentes était celle de l'administration provinciale. Depuis le mois de mai il n'existait plus à proprement parler d'autorité. Les intendants avaient presque abdiqué et les municipalités ainsi que les commissions intermédiaires luttaient à grand'peine contre les difficultés de la situation. Ce que les citoyens placés à la tête de ces administrations provisoires déployèrent d'énergie, ce qu'il leur fallut de courage, d'abnégation, de dévouement pour subvenir presque sans ressources aux besoins d'une population affamée, pour arrêter sans le secours de la force des désordres qu'excusait la misère du pays, on ne peut s'en rendre compte qu'en parcourant les correspondances du temps. Sans cesse contrariés par le pouvoir royal, désavoués par l'assemblée nationale, ces administrateurs improvisés étaient parvenus à maintenir l'ordre jusqu'au 14 juillet; mais à cette époque la tâche devint difficile. Aux désaveux que leur infligeait l'assemblée, à la mauvaise volonté que leur témoignait la Cour se joignirent les conspirations de toute sorte.

La municipalité de Soissons s'adressa la première à l'assemblée nationale pour la supplier de constituer des corps administratifs. La commune de Saint-Germain joignit ses supplications à celles de la municipalité champenoise.

Des bandes incendiaires parcouraient alors les campagnes se disant autorisés par l'assemblée nationale. Un de ces proconsuls du pillage exploita la Guyenne. En Normandie le comédien Bordier joua au Mandrin et finit par être pendu par les Rouennais. Cent cinquante châteaux furent brûlés dans les seules provinces de la Franche-Comté et du Beaujolais.

Ces expéditions étaient souvent dirigées, a dit Mirabeau, par des gens dont le travail n'avait pas flétri le visage.

Les représailles ne se firent pas attendre. A Caen des habitants inoffensifs furent massacrés par des soldats du régiment de Bourbon qui voulaient venger la mort du major de Belzunce. En Franche-Comté un sire de Quincey fit sauter à l'aide de quelques barils de poudre des paysans qu'il avait invités à danser dans son château. Au Mans la municipalité fut impuissante à réprimer la colère de quelques gentilshommes dont on avait pillé la demeure.

Cet état de choses dura jusqu'à la nuit du 4 août, mais avant de rendre compte de la célèbre séance, il est important de résumer les débats de l'assemblée depuis le 14 juillet.

— Le 20 juillet la séance de l'assemblée est ouverte par la lecture des différentes adresses des villes de Valence, Langres, Mayenne, Laon, Pontarlier, Crémieu, Auray et Ploërmel. Ces adresses signalent des désordres. Plusieurs membres demandent que l'assemblée s'occupe des moyens les plus prompts pour maintenir la tranquillité publique qui a été troublée.

Chapelier, de Custine et Martineau proposent la création de milices nationales.

Le 21 Lally Tollendal signale les émeutes de Pontoise et de Saint-Germain occasionnées par le manque de pain, ainsi que les troubles de la Bretagne, de la Normandie, de la Franche-Comté et de la Bourgogne. Dupont de Nemours revient sur la nécessité de créer des milices. La proposition est de nouveau écartée.

Le 23 le président lit les adresses des villes de Lyon, Bordeaux, Riom, le Hâvre, Saumur et Chartres. Toutes ces adresses expriment des sentiments de confiance dans l'assemblée nationale. Le président ajoute que de plusieurs points on demande des soldats pour dissiper des troupes de brigands qui, sous le prétexte de la disette des grains, infectent le pays et pillent les châteaux. A ces lettres il est répondu que le roi doit donner des ordres et prendre des mesures, mais que cela ne regarde pas l'assemblée. Mirabeau proteste.

« Pour assurer la paix, dit-il, il faut, et il faut le plus tôt possible, s'occuper d'un plan de *municipalités*.

« Les municipalités sont d'autant plus importantes à établir qu'elles sont la base de tout gouvernement libre, qu'elles sont le plus utile élément d'une bonne constitution, le salut de tous les jours, la sécurité de tous les foyers, en un mot, le seul moyen possible d'intéresser le peuple entier au gouvernement et de préserver les droits de tous les individus. »

Mounier. — Je demande à M. de Mirabeau s'il entend autoriser les villes à se municipaliser à leur gré. Agir ainsi serait créer des états dans l'Etat.

Mirabeau. — Le préopinant se trompe sur mes intentions. Toute municipalité doit être évidemment subordonnée au grand principe de la représentation nationale, mais quant aux détails ils dépendent des localités et nous ne devons point prétendre à les ordonner. Voyez les Américains, ils ont partagé leur sol en plusieurs états et ils laissent à tous ces états le choix du gouvernement qu'il leur plaît d'adopter pourvu qu'ils soient républicains et qu'ils fassent partie de la confédération. L'orateur conclut à ce que des assemblées municipales soient établies partout du consentement des intéressés et qu'elles soient établies très-promptement au nom de l'ordre public compromis chaque jour.

Barnave se rallie au projet de Mirabeau; Malouet le combat.

Le 25 une députation de Rouen rend compte des troubles occasionnés dans les environs de la ville par la cherté des grains et de la création spontanée d'un corps de volontaires qui a rétabli l'ordre. (La députation est applaudie).

Le président fait part à l'assemblée d'une lettre écrite par le maire de Vesoul et qui signale des excès commis dans la Franche-Comté.

M. Pinelle, député de la Franche-Comté. — « J'ai entre les mains le procès-verbal de la maréchaussée de Vesoul, et ce procès-verbal explique l'origine de ces troubles.

« Le voici : « Nous, brigadier de maréchaussée, etc., certifions que nous nous sommes transportés à Quincey, que nous avons trouvé auprès d'un homme mourant le curé qui nous a dit que M. de Memmay, seigneur de Quincey avait fait annoncer à Vesoul et aux troupes qui y sont en garnison qu'à l'occasion de l'événement heureux auquel toute la nation prenait part, il traiterait tous ceux qui voudraient se rendre à son château et leur donnerait une fête, mais que M. de Memmay s'était retiré et avait dit que sa présence pourrait diminuer la gaîté de la fête, et avait prétexté pour ce qu'il était protestant, noble et parlementaire ; l'invitation de M. le parlementaire avait attiré une foule de personnes, tant citoyens que soldats qu'on avait conduits à quelque distance du château ; que pendant qu'on se livrait à la joie et à la gaîté on avait mis le feu à une mèche qui allait aboutir à une mine creusée dans l'endroit où le peuple était à se divertir ; qu'au bruit de l'explosion ils s'étaient transportés au château, qu'ils avaient vu des hommes flottants dans leur sang, des cadavres épars et des membres palpitants. Ce procès-verbal est signé par le brigadier, et sa signature est légalisée par le lieutenant-général. »

« C'est cette barbarie, Messieurs, c'est cet acte odieux qui a mis tout le pays en combustion. On s'est armé, on s'est jeté sur les châteaux voisins ; le peuple a brûlé, saccagé les châteaux des seigneurs, les a contraints de renoncer à leurs droits, a détruit et démoli une abbaye de l'ordre de Citeaux, et Madame la baronne d'Andlau n'a dû son salut qu'à un espèce de miracle.

« Je prie l'assemblée de prendre en considération la triste situation où se trouve le pays, et je lui propose d'autoriser l'établissement d'une garde bourgeoise pour faire tout rentrer dans l'ordre. »

Malouet fait observer que c'est un danger d'armer le pays, et l'assemblée tout en manifestant ses sentiments d'exécration contre l'auteur du forfait de Quincey, passe à l'ordre du jour.

Le mardi 28, le président fait part d'une lettre du maire de Soissons qui se plaint du manque de troupes pour réprimer les désordres de Villers-Cotterets, Pierrefonds et Atichy. Quatre mille individus tiennent la campagne, et on ne peut leur opposer qu'un régiment d'infanterie. (Renvoyé au ministre de la guerre.)

Le 30 juillet on agite enfin dans les bureaux la question de savoir s'il ne convient pas d'établir des états-provinciaux pour que des corps librement constitués puissent se consolider et résister aux attaques qui affaiblissent chaque jour le respect dû à l'autorité dans les provinces. Plusieurs membres repoussent ce projet. Duport insiste pour que l'établissement des états-provinciaux soit immédiatement mis en discussion.

Polhez du Vendômois appuie l'opinion de Duport.

Séance du lundi 3 août. — M. Salomon au nom du *comité des rapports* : Messieurs, par des lettres de toutes les provinces il paraît que les propriétés de quelque nature qu'elles soient sont la proie du plus coupable brigandage; de tous les côtés les châteaux sont brûlés, les couvents détruits, les fermes abandonnées au pillage; les impôts ne se paient plus; les lois sont sans force, les magistrats sans autorité. Le comité propose à l'assemblée de délibérer sur ce point. Duport propose de renvoyer immédiatement la question aux bureaux et d'en faire l'objet d'un rapport en séance générale.

L'assemblée se décide enfin à adopter la proposition.

Séance du mardi 4 août. — Le mardi 4 août l'assemblée s'étant réunie à huit heures du soir pour entendre le projet d'arrêté relatif à la sûreté du royaume, le député Target lit ce qui suit :

« L'assemblée nationale considérant que, tandis qu'elle est uniquement occupée d'affermir le bonheur du peuple sur les bases d'une constitution libre, les troubles et les violences qui affligent différentes provinces répandent l'alarme dans les esprits, et portent l'atteinte la plus funeste aux droits sacrés de la propriété et de la sûreté des personnes;

« Que ces désordres ne peuvent que ralentir les travaux de l'assemblée et servir les projets criminels des ennemis du bien public ;

« Déclare que les lois anciennes subsistent et doivent être exécutées jusqu'à ce que l'autorité de la nation les ait abrogées ou modifiées ;

« Que les impôts, tels qu'ils étaient, doivent continuer d'être perçus aux termes de l'arrêté du 17 juin dernier, jusqu'à ce qu'elle ait établi des contributions et des formes moins onéreuses au peuple ;

« Que toutes les redevances et prestations accoutumées doivent être payées comme par le passé, jusqu'à ce qu'il en ait été autrement ordonné par l'assemblée ;

« Qu'enfin les lois établies pour la sûreté des personnes et pour celles des propriétés doivent être universellement respectées ;

« Que la présente déclaration sera envoyée dans toutes les provinces et que les curés seront invités à la faire connaître à leurs paroissiens et à leur en recommander l'observation. »

La lecture de ce projet avait été interrompue par de fréquents cris d'improbation partis des deux côtés extrêmes de l'assemblée. Au centre on avait applaudi.

Garat. — Vous reniez la révolution.

Bouche. — Il ne vous reste plus qu'à rappeler le maréchal de Broglie et à déclarer l'état de siége.

Une voix à gauche. — Cet arrêté est une honte.

M. de Noailles à la tribune. — Messieurs, le but du projet d'arrêté que l'assemblée vient d'entendre est, je suppose, d'arrêter l'effervescence des provinces.

Voix au centre. — Oui, oui.

M. de Noailles. — Eh bien, Messieurs, si vous promulguez cet arrêté vous ne ferez qu'accroître cette effervescence *(Bruit au centre.)* Que vous ont demandé les provinces? La suppression des droits injustes, l'anéantissement d'un système d'administration arbitraire? Or les provinces voient depuis plus de trois mois leurs représentants s'occuper de ce que nous appelons et de ce qui est en effet la chose publique ; mais elles pensent que la chose publique est aussi la chose qu'elles désirent. Il leur paraît légitime de ne pas subir une oppression injuste, de ne pas payer des droits odieux.

Je vous propose donc de ne pas consacrer par votre vote les mesures répressives que le rapport vous indique et je vous demande de déclarer :

1° Que l'impôt ne sera plus payé par chaque individu que dans la proportion de ses revenus.

2° Que toutes les charges publiques seront à l'avenir également supportées par tous.

3° Que tous les droits féodaux seront rachetables par les communautés en argent ou échangés sur le prix d'une juste estimation, c'est-à-dire d'après le revenu d'une année commune prise sur dix années de revenu.

4° Que les corvées seigneuriales, les mains-mortes et autres servitudes personnelles seront détruites sans rachat. *(Applaudissements. On s'empresse autour de l'orateur, l'agitation est grande.)*

M. le duc d'Aiguillon. — Messieurs, il n'est personne qui ne gémisse des scènes d'horreur dont la France offre le spectacle. Ce ne sont point seulement des brigands qui à main armée veulent s'enrichir dans le sein des calamités : dans plusieurs provinces le peuple tout entier forme une espèce de ligue pour détruire les châteaux, pour ravager les terres et surtout pour s'emparer des chartriers. Il cherche à secouer enfin un joug qui depuis tant de siècles pèse sur sa tête, et il faut l'avouer, Messieurs, cette insurrection quoique coupable (car toute aggression violente l'est) peut trouver son excuse dans les vexations dont le peuple est victime.

Dans ce siècle de lumière où la sainte philosophie a repris son empire, à cette époque fortunée où réunis par le bonheur public et dégagés de tout intérêt personnel, nous allons travailler à la régénération de l'Etat, il me semble, comme l'a dit M. de Noailles, qu'il faut prouver aux citoyens que notre vœu est d'aller au devant de leurs désirs. *(Acclamations et applaudissements.)*

Dupont de Nemours. — J'insiste sur la nécessité de

maintenir les lois actuelles en attendant l'achévement de la Constitution.

Voix nombreuses — Non, non.

Le Guen de Kérangal. — Vous eussiez prévenu l'incendie des châteaux si vous aviez été plus prompts à déclarer que les armes terribles qu'ils contenaient seraient anéanties.

Le duc d'Aiguillon reprend son discours, Le Guen, Foucault, Beauharnais lui succèdent à la tribune. L'évêque de Nancy et l'évêque de Chartres se disputent la parole pour proclamer le sacrifice de leurs priviléges particuliers. Tout le clergé se lève pour adhérer à la proposition.

Saint-Fargeau, de Richer, le duc du Châtelet et l'archevêque d'Aix dépeignent tour à tour les maux du régime subi pendant si longtemps.

Et la grande séance se termine par la déclaration suivante :

Abolition de la qualité de serf et de la main-morte sous quelque dénomination qu'elle existe.

Faculté de rembourser les droits seigneuriaux.

Abolition des juridictions particulières.

Suppression du droit exclusif de la chasse des colombiers des garennes.

Taxe en argent représentative de la dîme. Rachat possible de toutes les dîmes de quelque espèce que ce soit.

Abolition de tous les priviléges et immunités pécuniaires.

Egalité des impôts à compter du commencement de l'année 1789.

Admission de tous les citoyens aux emplois civils et militaires.

Déclaration de l'établissement prochain d'une justice gratuite et de la suppression de la vénalité des offices.

Abandon du privilége particulier des villes et des provinces.

Déclaration des députés qui ont des mandats impératifs qu'ils vont écrire à leurs commettants pour solliciter leur adhésion.

Suppression du droit de déport et vacat, des annates, de la pluralité des bénéfices.

Destruction des pensions obtenues sans titres.

Réformation des jurandes.

Antonin Proust. (De la Révolution.

On peut voir par les lignes qui précèdent que ce ne sont pas précisément les hommes de la Révolution qui se sont opposés à la répression des désordres, mais bien ceux qui redoutaient de voir le pays s'armer et faire sa police lui-même.

A. P.

TABLE

	Pages.
Préface	5
Les Enseignements de l'Histoire	9
Appendice	65
Pièce justificative n° 1	67
Pièce justificative n° 2	69
Pièce justificative n° 3	73
Pièce justificative n° 4	76
Pièce justificative n° 5	81

SAINT-MAIXENT, TYP. CH. REVERSÉ.

www.ingramcontent.com/pod-product-compliance
Lightning Source LLC
LaVergne TN
LVHW050627090426
835512LV00007B/702